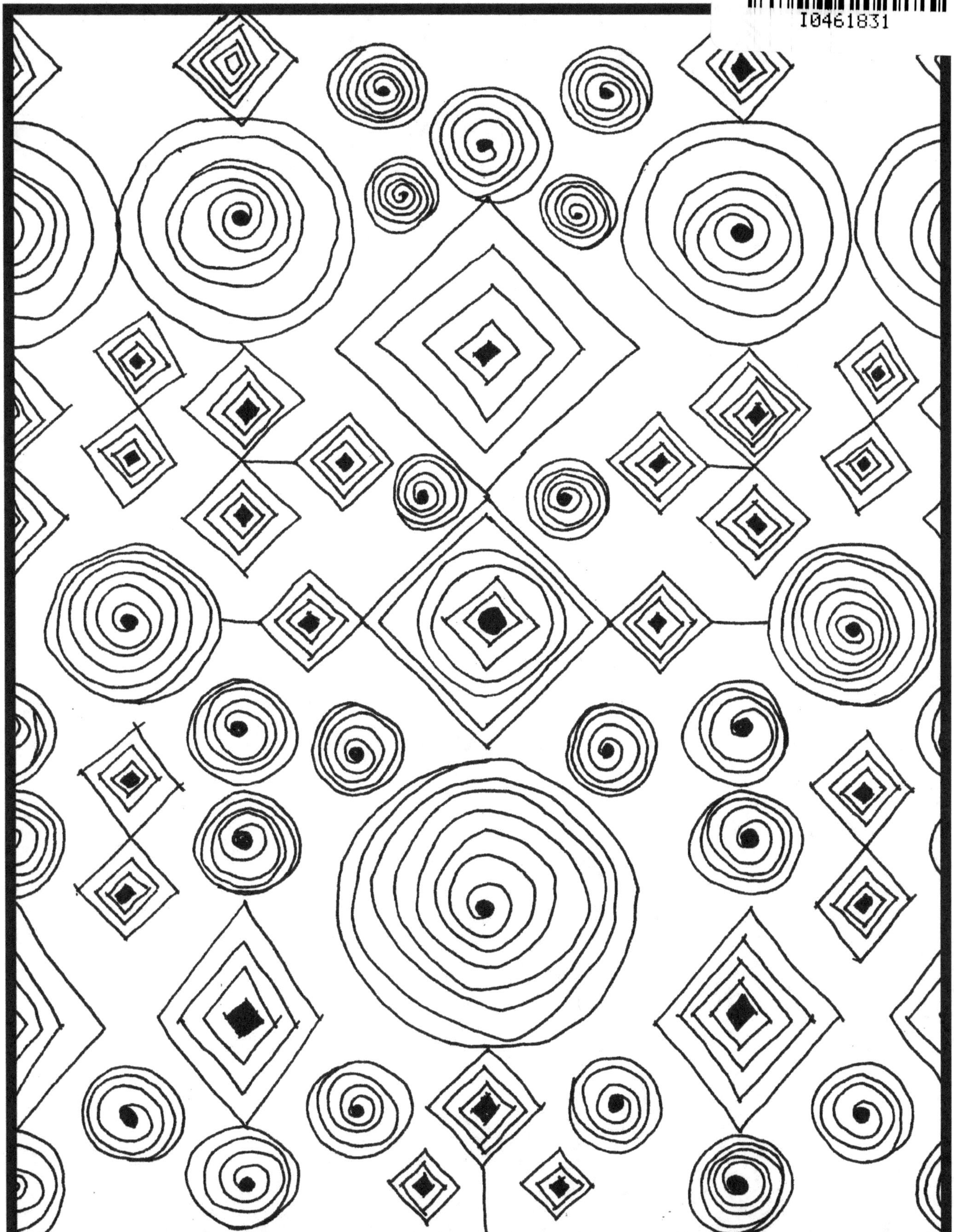

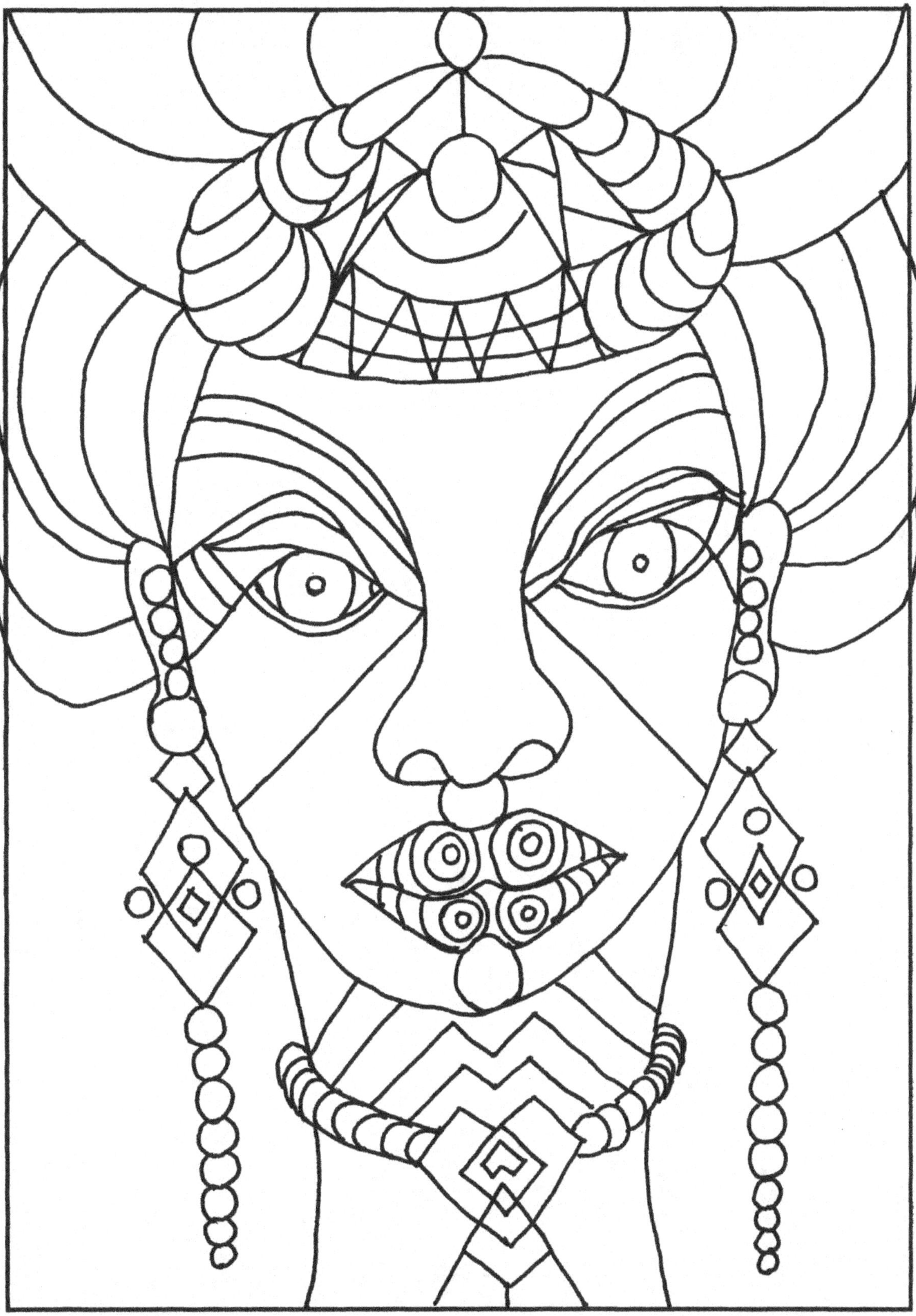

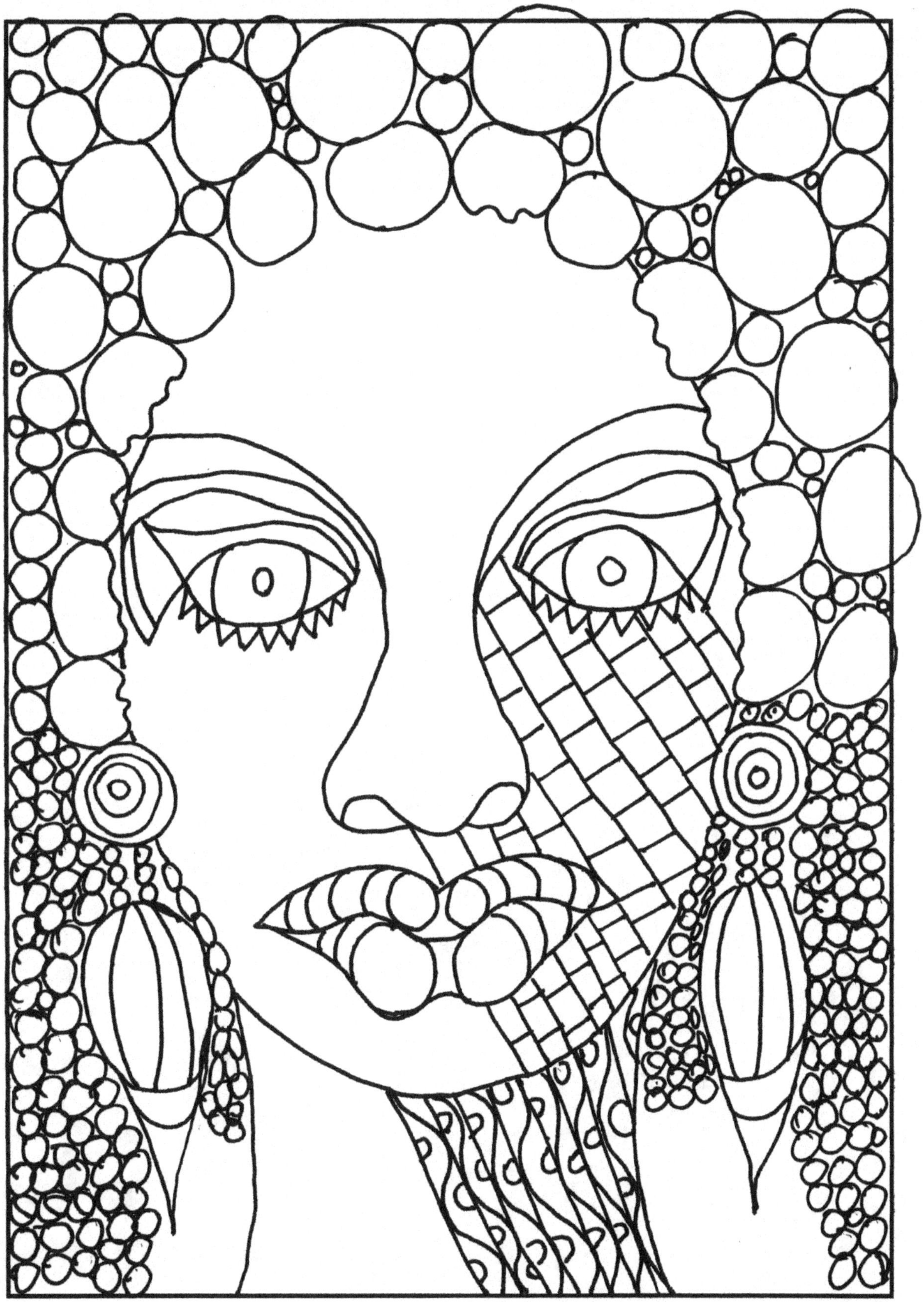

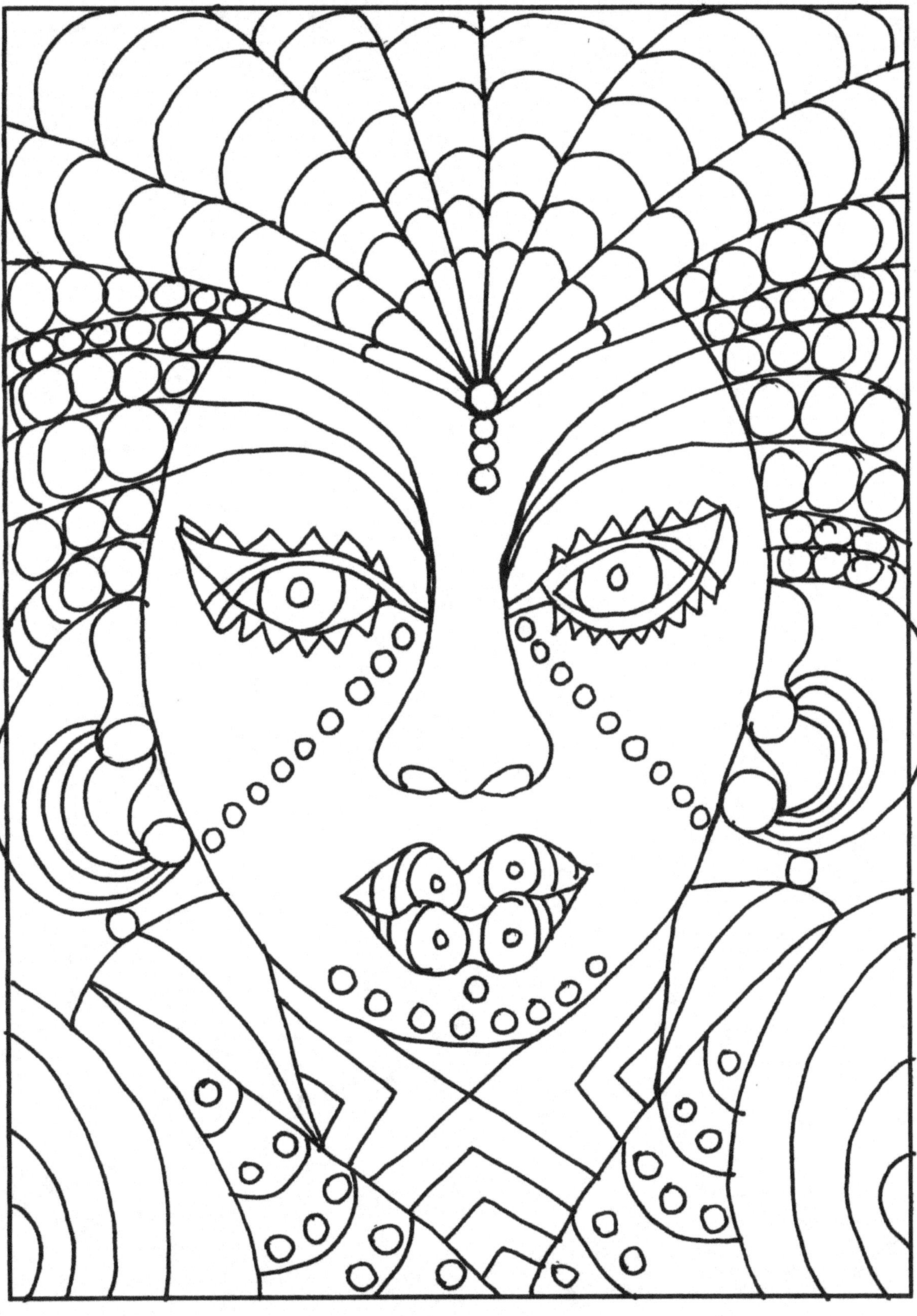

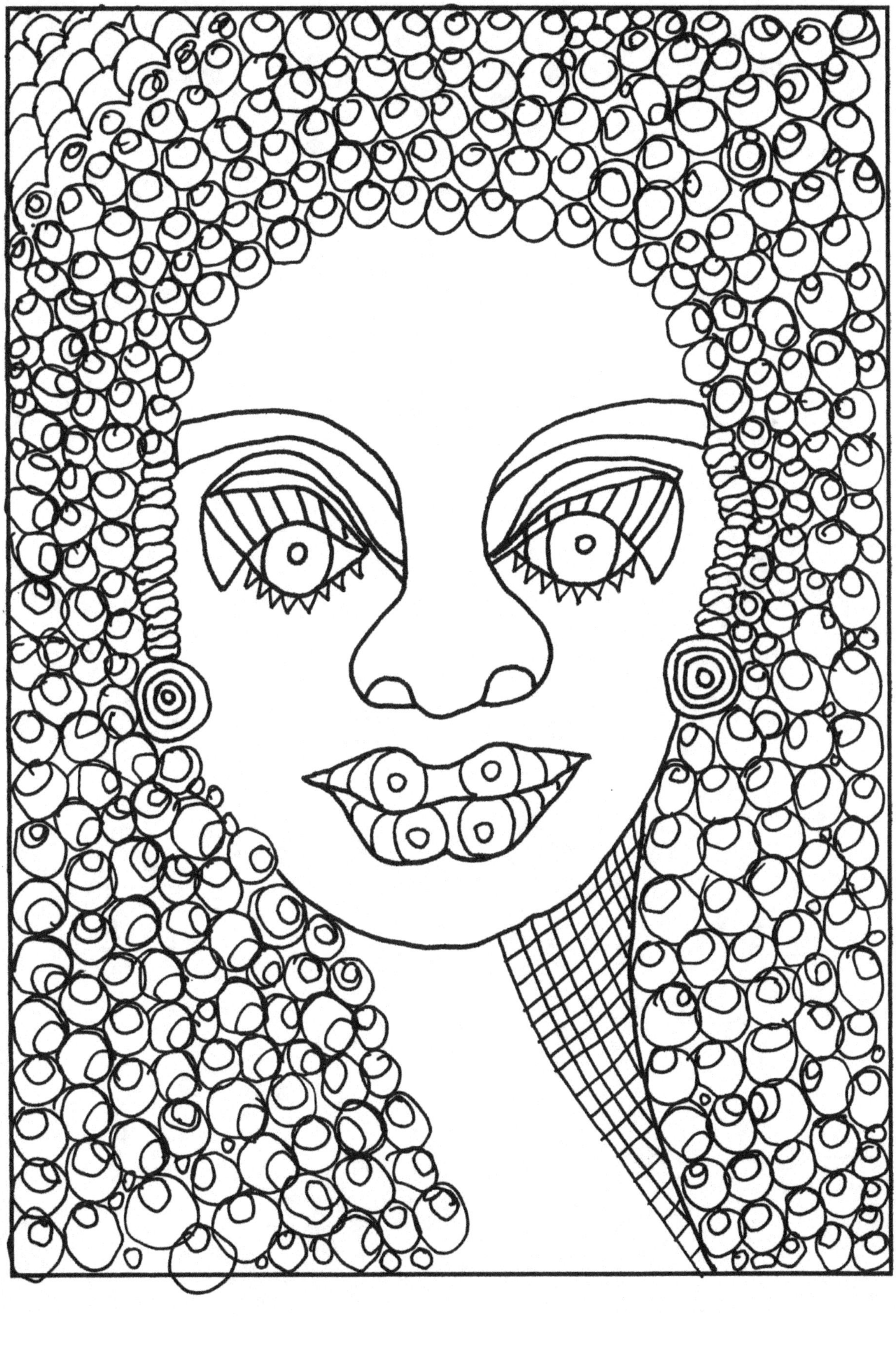

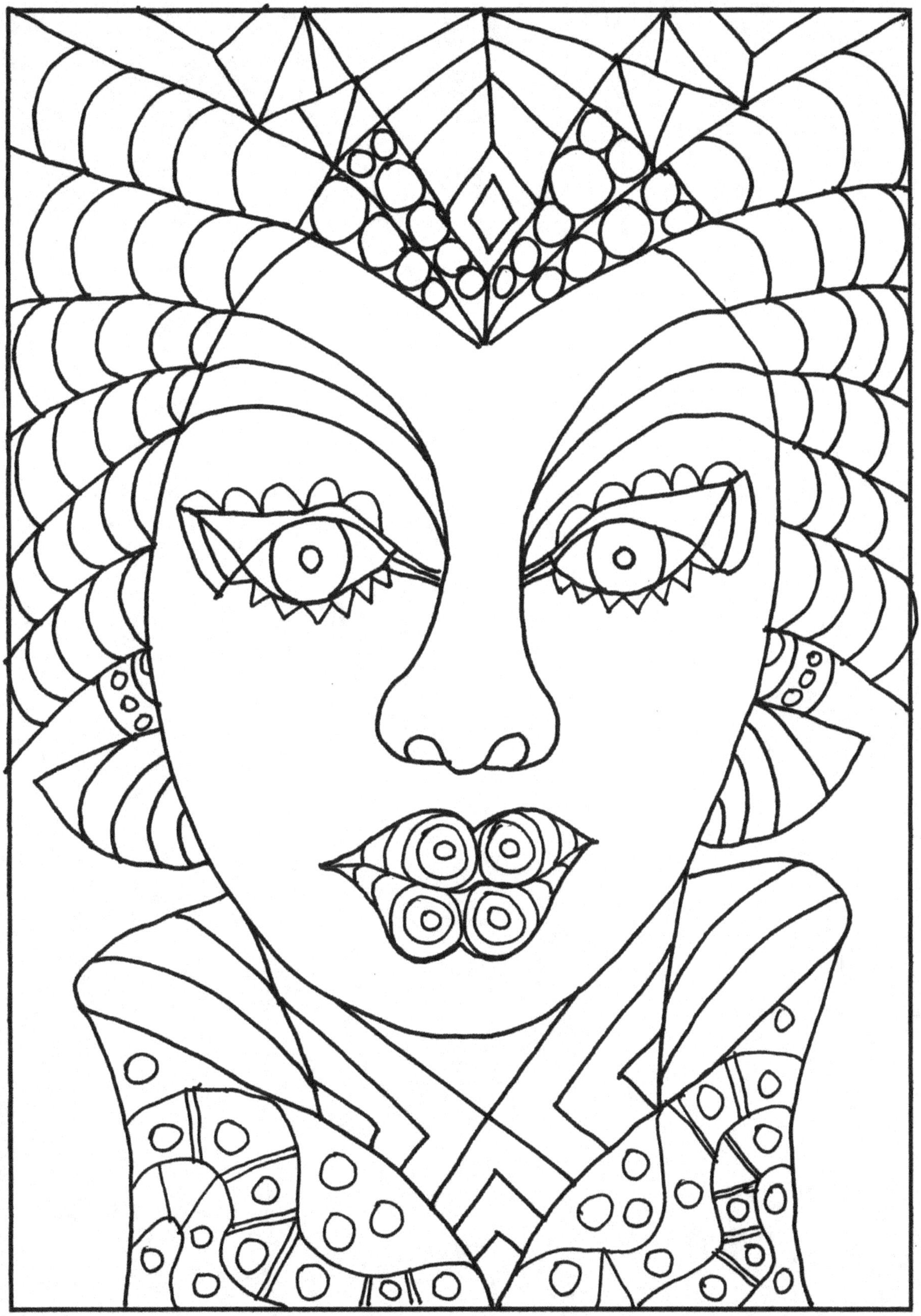

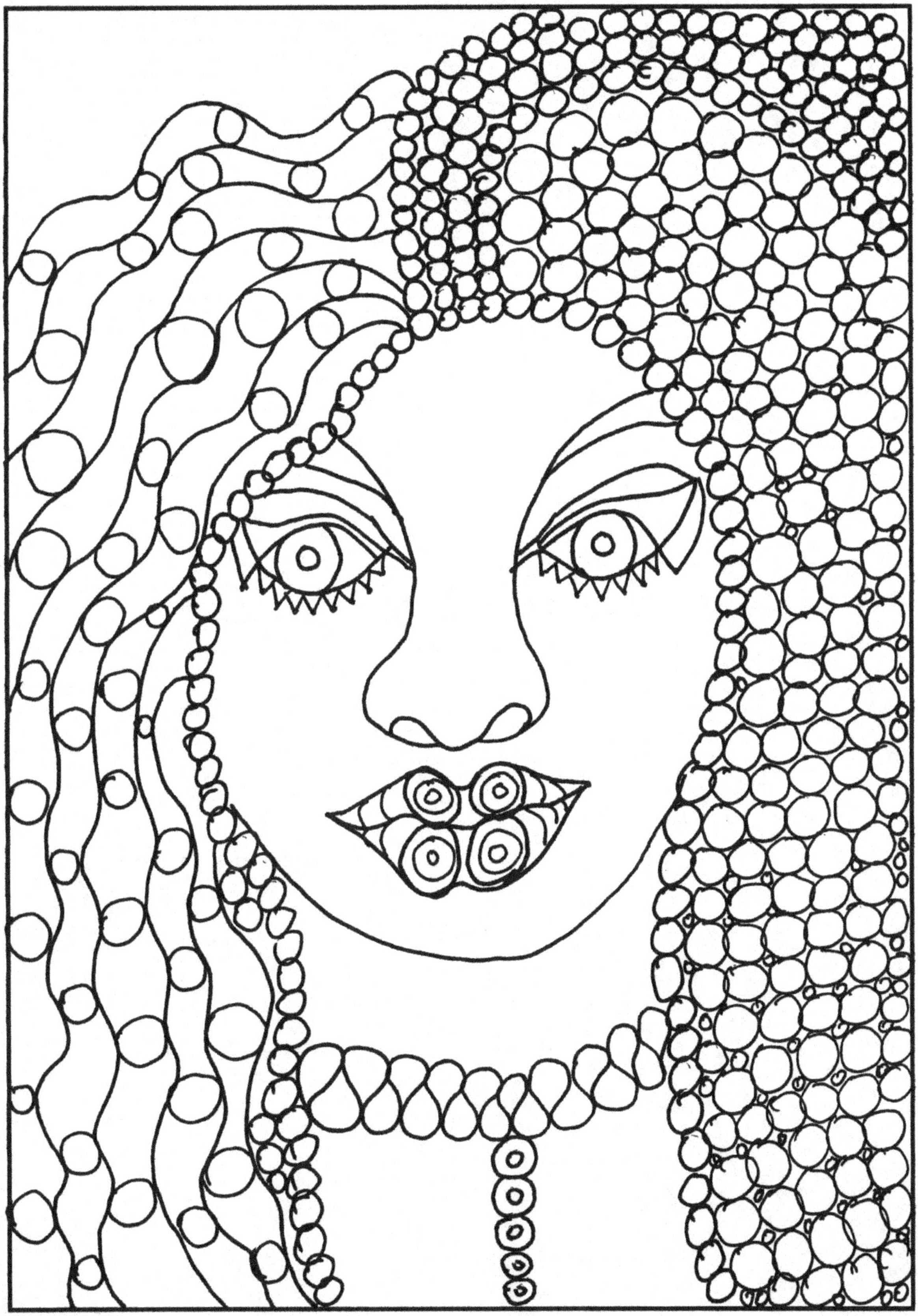

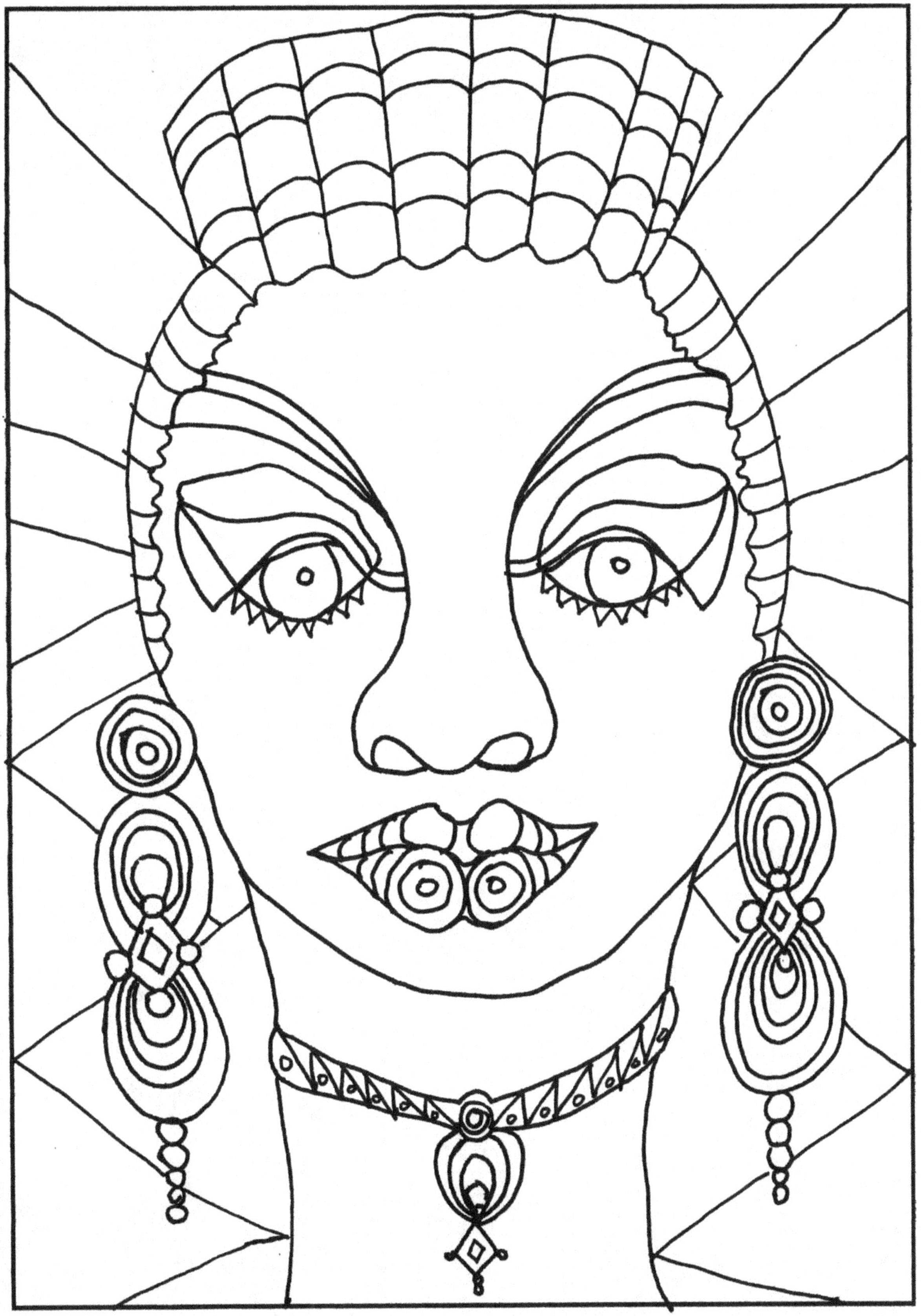

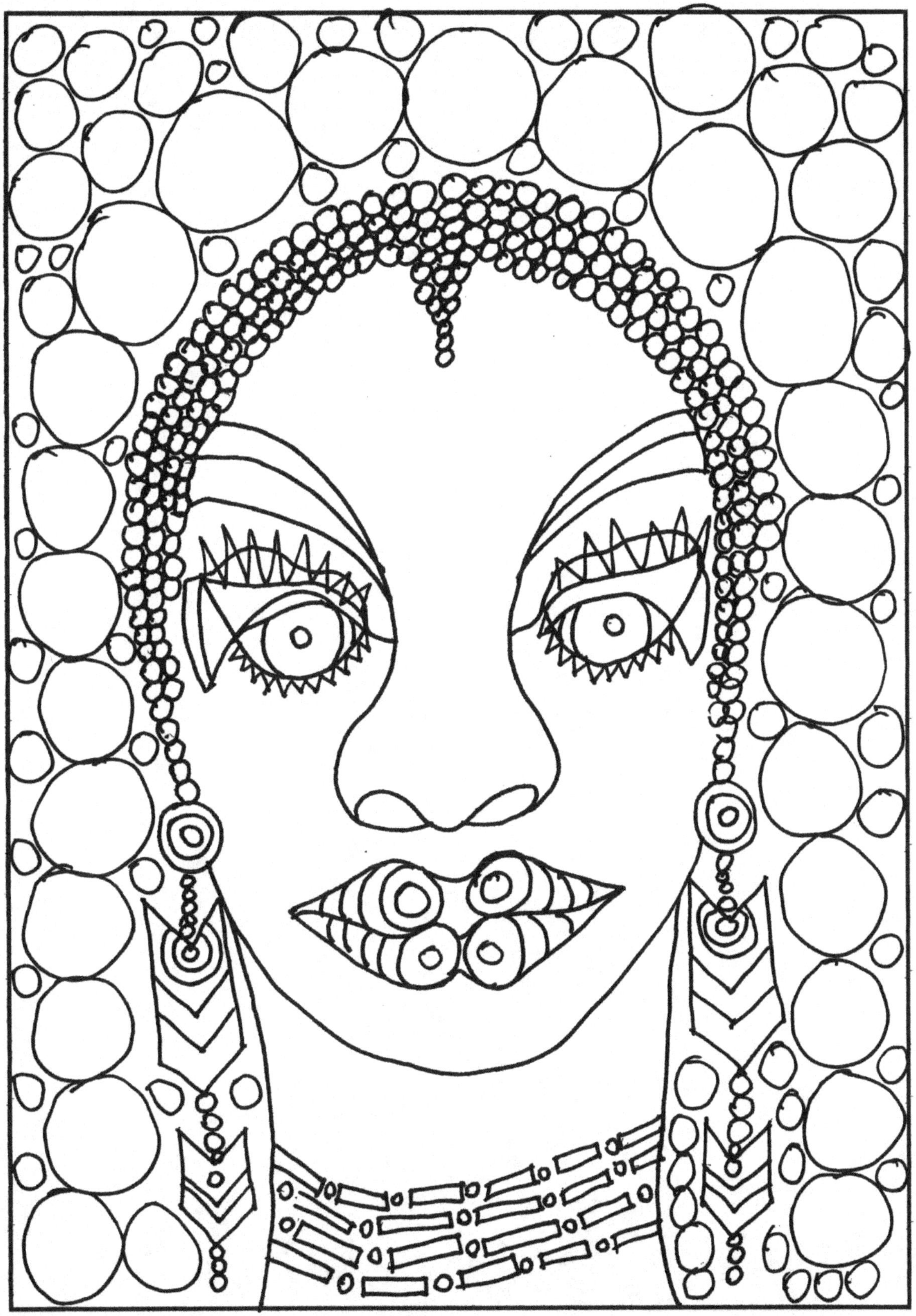

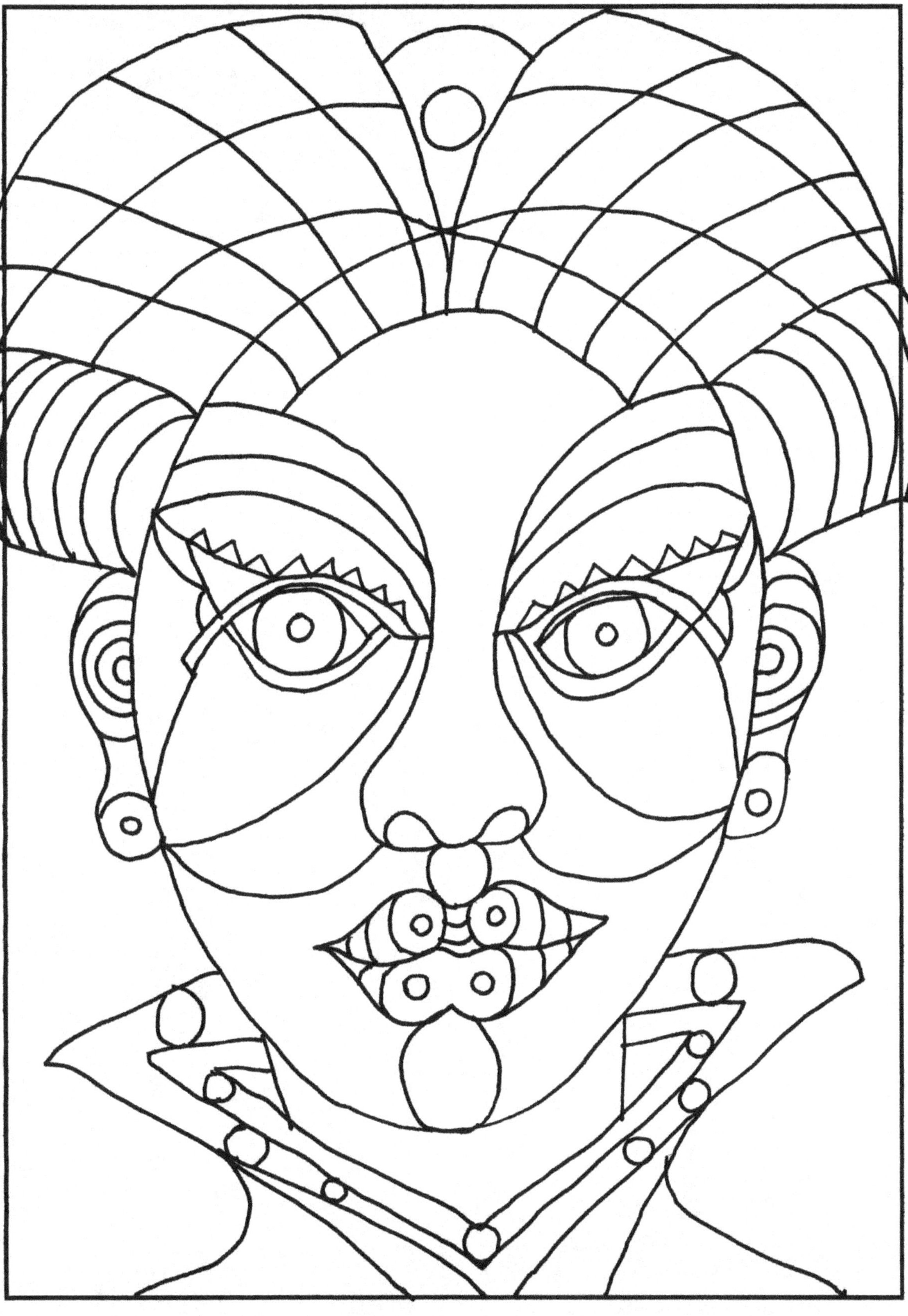

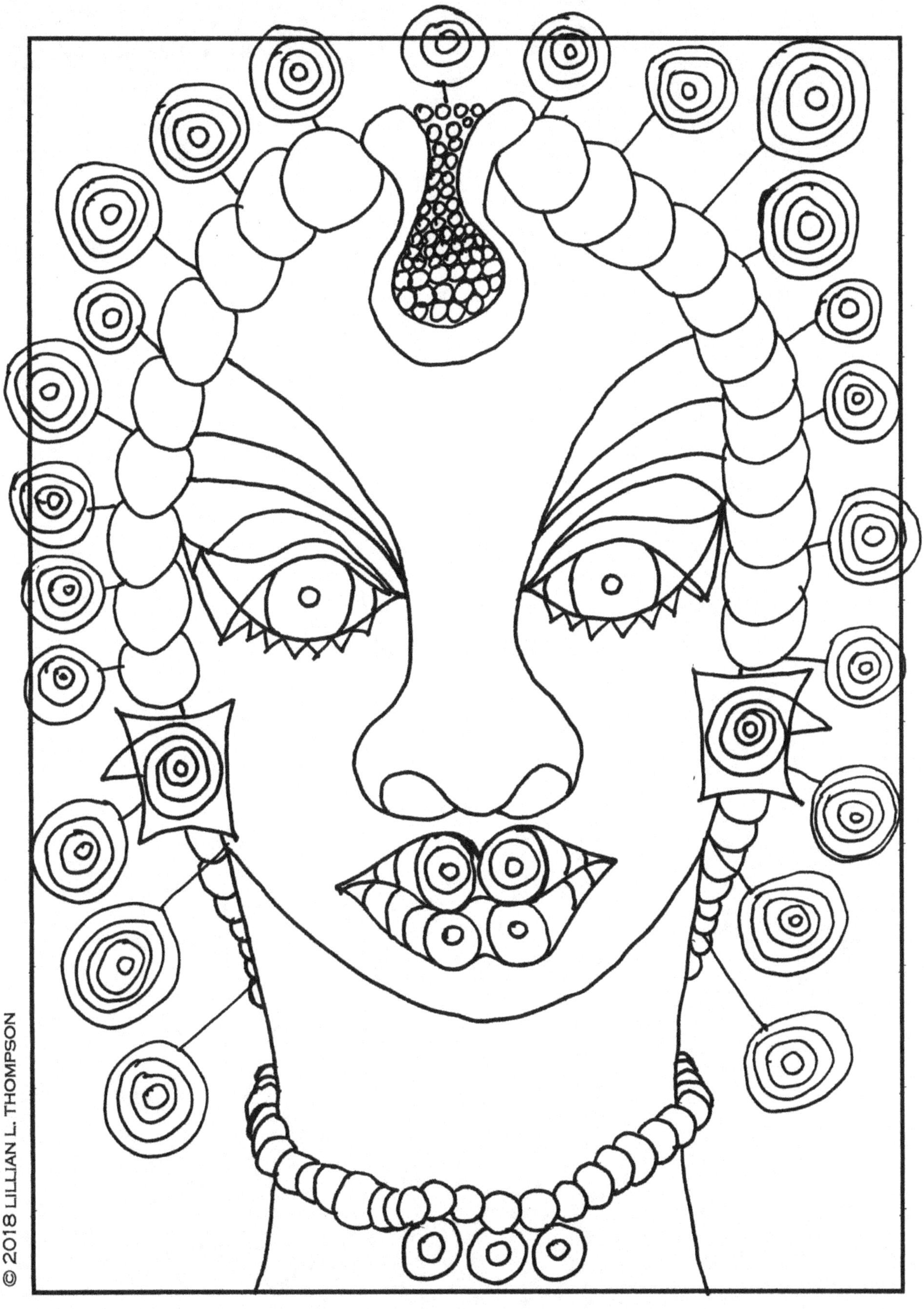

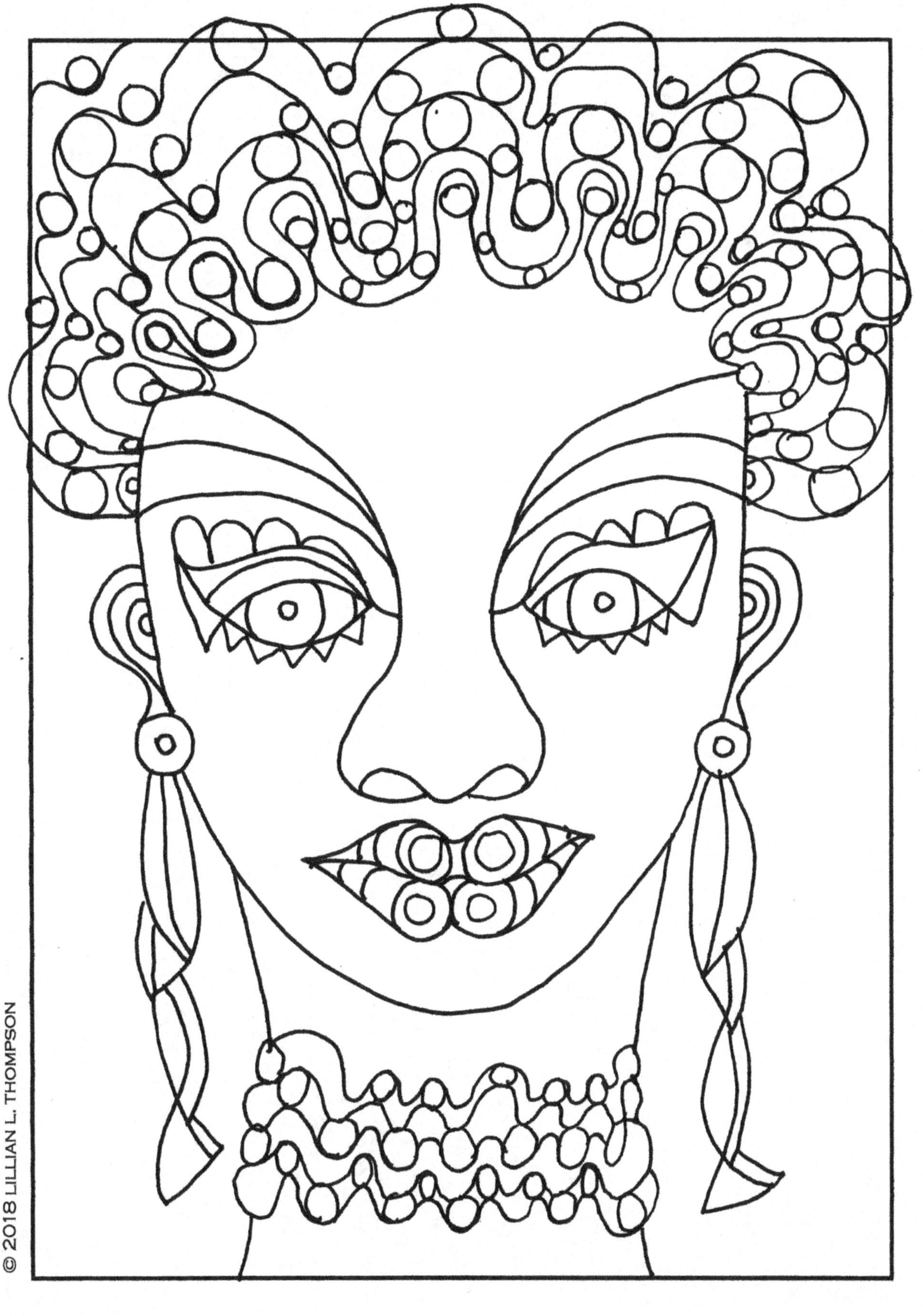

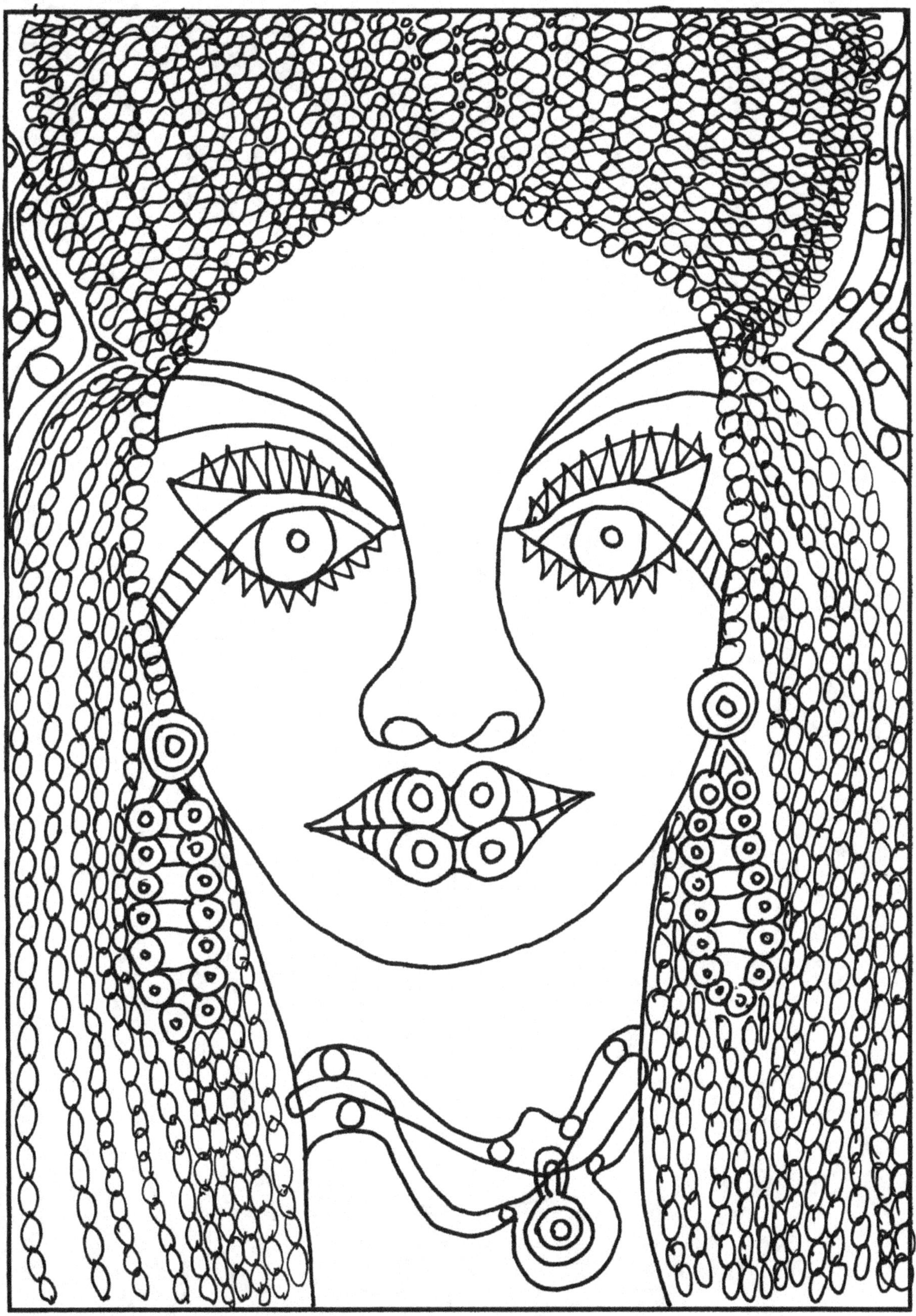

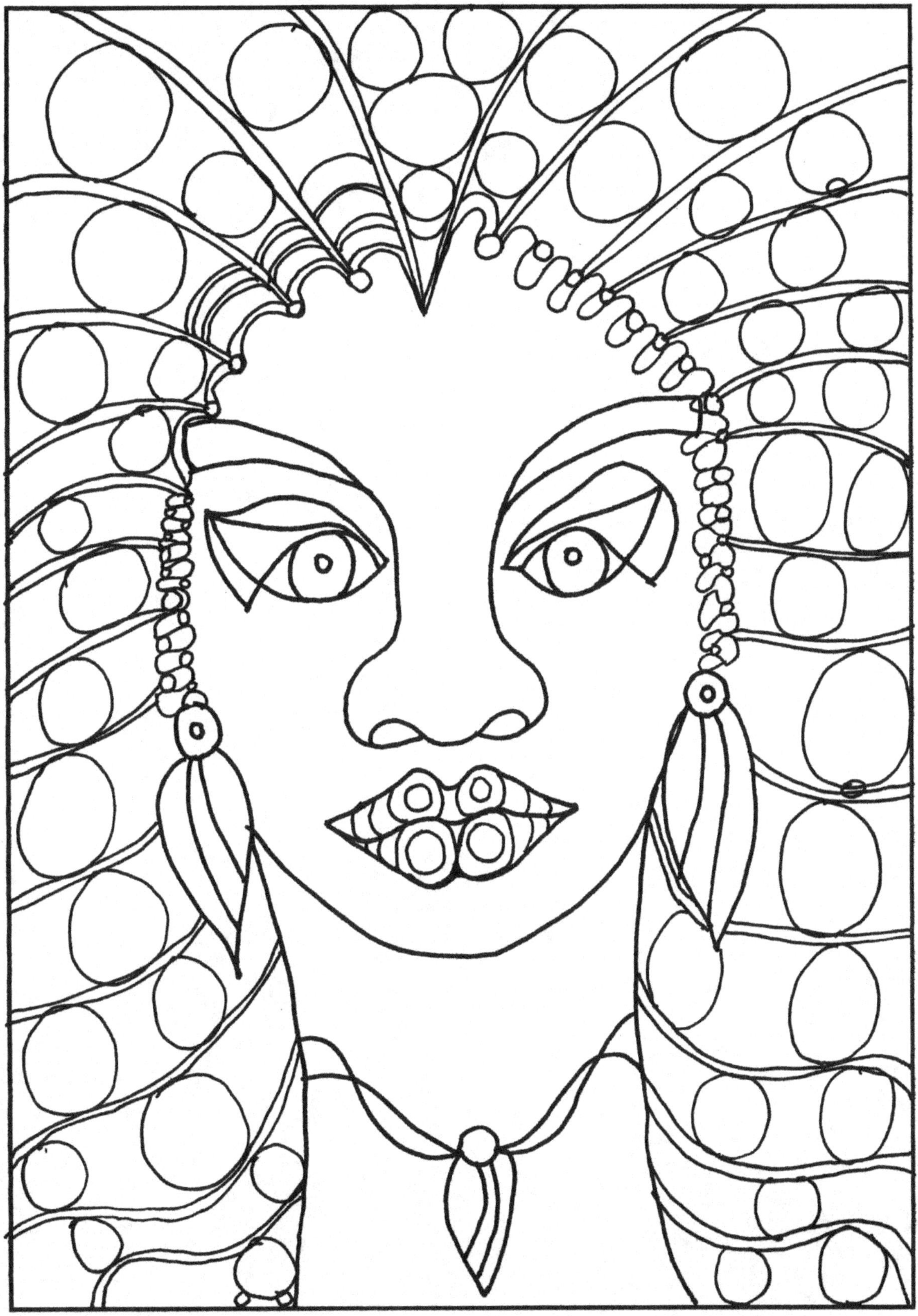

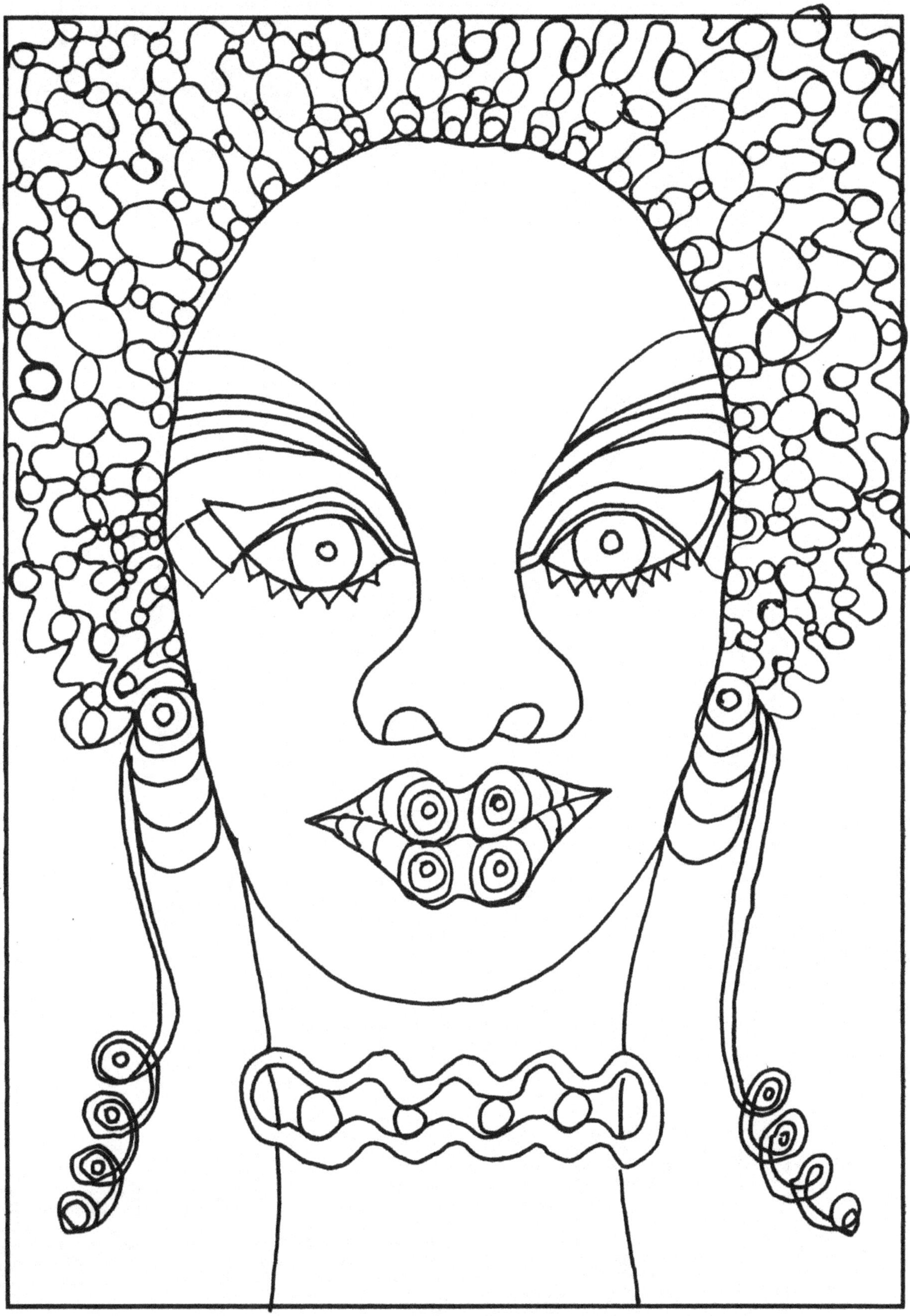

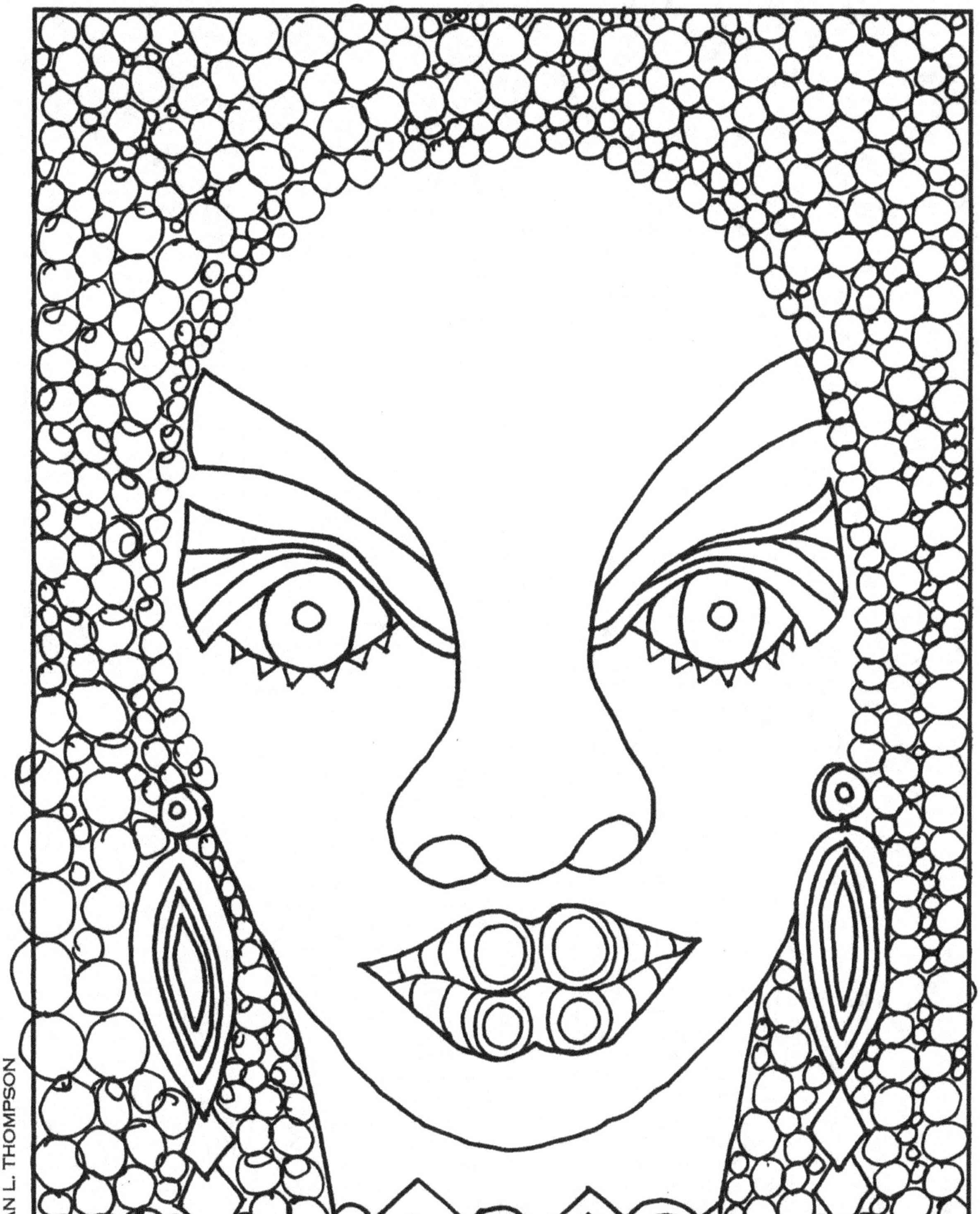

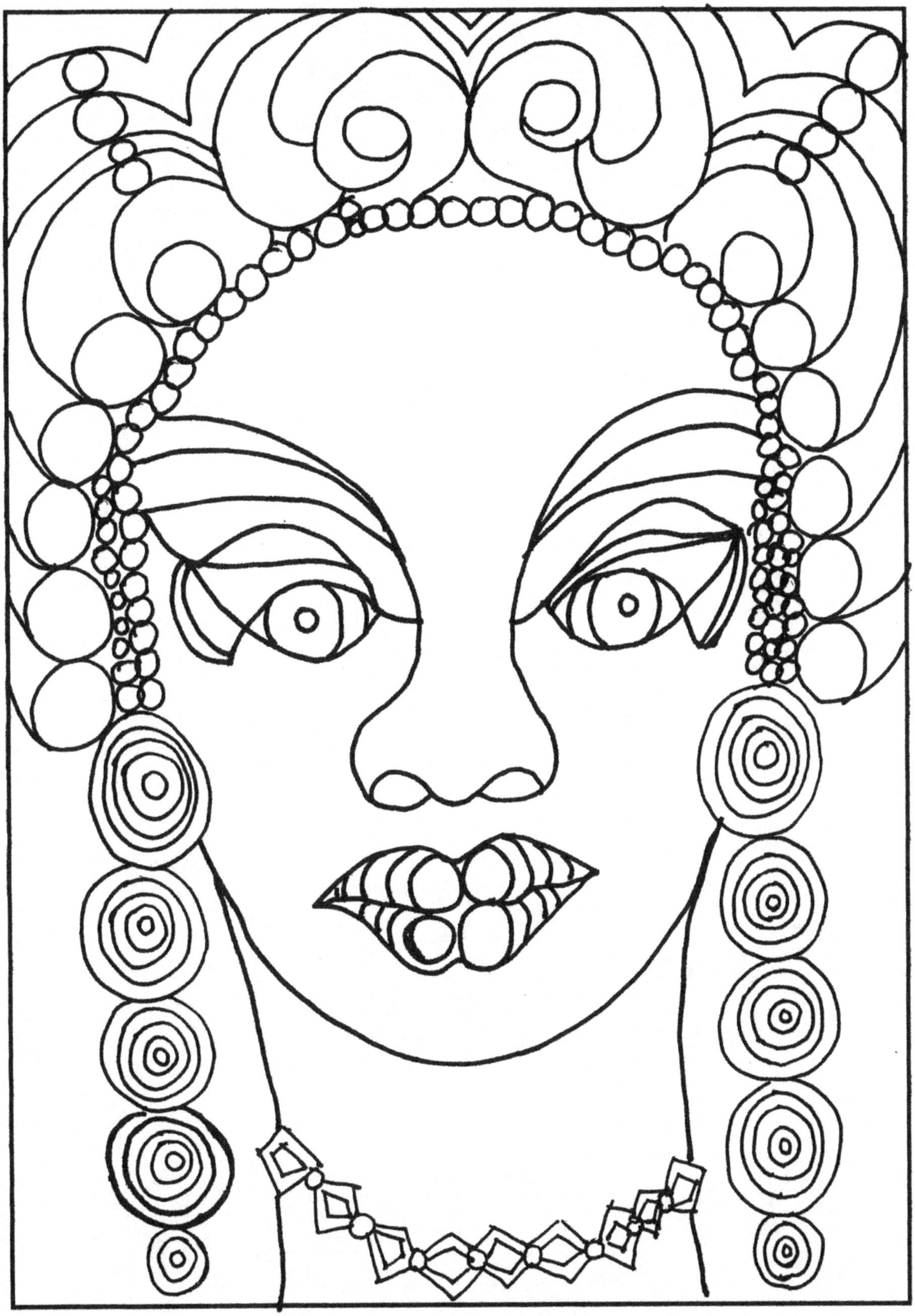

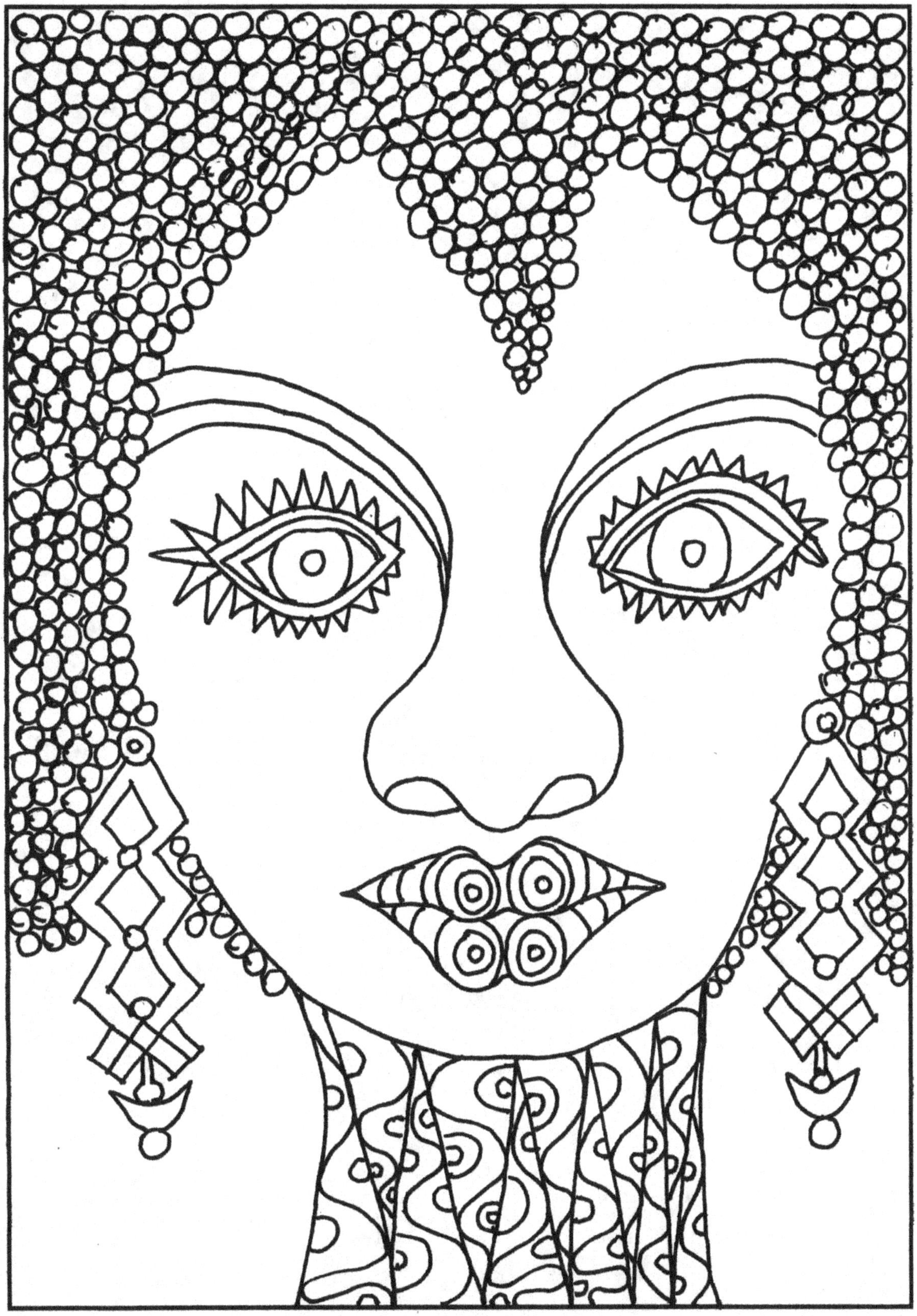

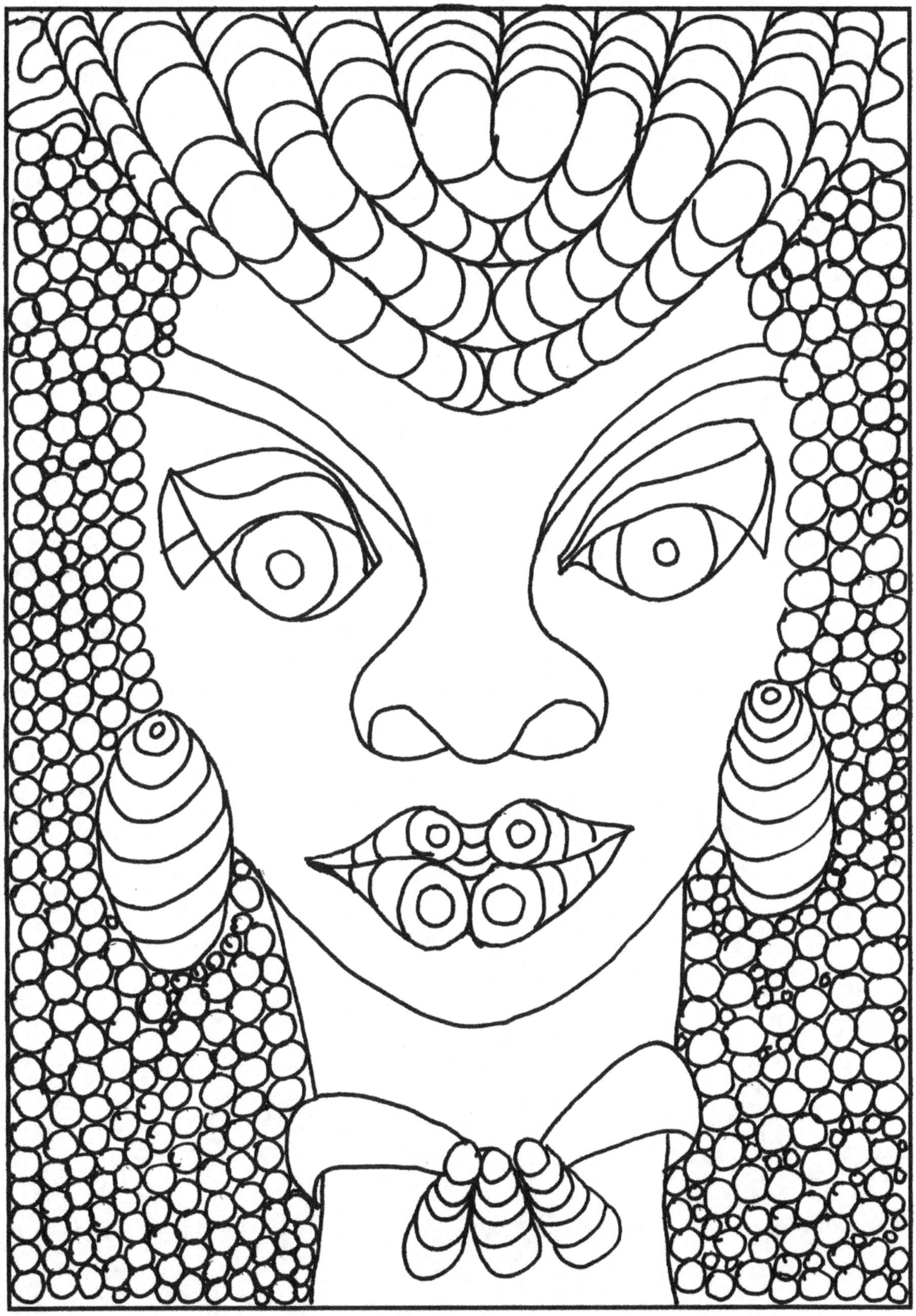

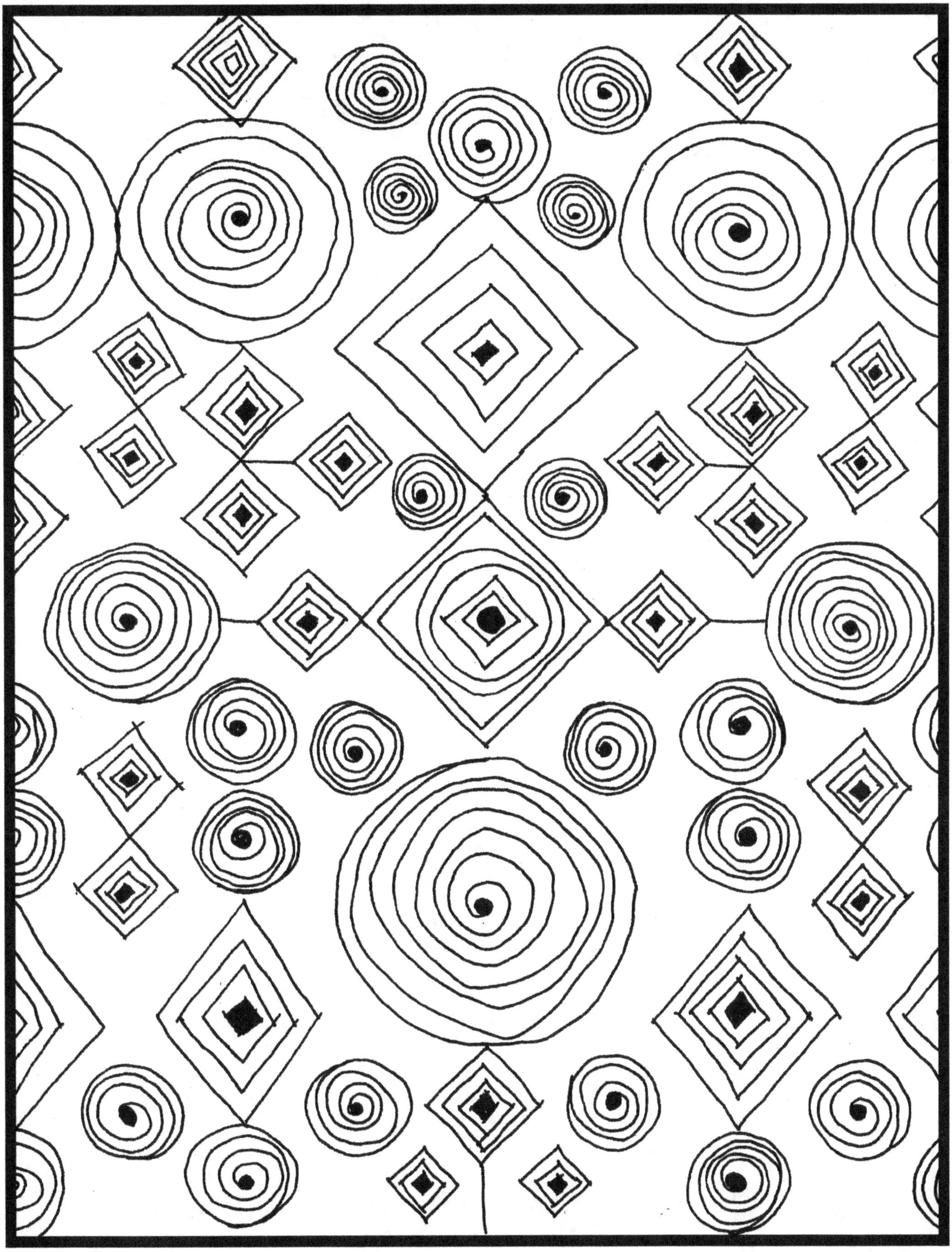

www.ingramcontent.com/pod-product-compliance
Lightning Source LLC
Chambersburg PA
CBHW081312180526
45170CB00007B/2665
* 9 7 8 0 5 7 8 4 4 7 2 8 5 *